Sens contraire

Manon Hermet

Sens contraire

© 2025, Manon Hermet

Correction :

Laurence Meynadier

Tous droits réservés pour tous pays. Toute reproduction de ce livre, même partielle, par tout procédé, y compris la photocopie, est interdite.

Édition : BoD · Books on Demand,
31 avenue Saint-Rémy, 57600 Forbach, bod@bod.fr
Impression : Libri Plureos GmbH, Friedensallee 273, 22763 Hamburg (Allemagne)
Dépôt légal : Janvier 2025

ISBN: 978-2-3225-5436-2

Remerciements

Je voudrais remercier tous ceux qui m'aiment et me soutiennent tous les jours de ma vie. Merci à ma famille, à mes amis les plus précieux ainsi qu'à ceux que j'ai aimés et qui m'ont beaucoup inspirée.

Ce qui est créé par l'esprit est plus vivant que la matière.

J'aime passionnément le mystère, parce que j'ai toujours l'espoir de le débrouiller.

Charles Baudelaire

Ces poèmes ont été écrits et bercés par les airs de plusieurs musiques que je vous partage avec amour.

- « Don't Stop Believin' » – Journey
- « Hymne à l'amour » – Edith Piaf
- « Hysteria » – Def Leppard
- « Infini » – Georgio
- « Crazy World » – Aslan
- « Snuff » – Slipknot
- « Wish You Were Here » – Pink Floyd
- « La Montagne » – Jean Ferrat
- « Road To Nowhere » – Bullet For My Valentine
- « Chloe Dancer » – Mother Love Bone
- « Tears of the Dragon » – Bruce Dickinson
- « Every Breath You Take » – The Police
- « Fade To Black » – Metallica
- L'album *Samedi soir sur la terre* de Francis Cabrel

Partie I

L'Amour toujours

Je suis une amoureuse de l'Amour et ma définition de l'Amour c'est vous.

Il y a des larmes d'amour qui dureront plus longtemps que les étoiles du ciel.

Charles Péguy

La fille du bar

Elle marchait sensuellement à travers ces douces allées
Laissant apparaître ses nombreux tatouages.
Ses cheveux noirs se balançaient dans son dos dénudé.

Elle avait les joues pâles et les yeux gris.
Son regard traversa un instant le mien
Et aussi timide que cela puisse être, je souris.

Ses piercings me rendaient folle !
Oui, elle était magnifique dans sa robe rouge.
En un instant, elle était devenue mon idole.

Elle s'approcha de moi et je me sentis tomber.
Son parfum avait des arômes de cannelle,
Ses lèvres étaient tendrement rosées.

J'aime la sensibilité avec laquelle elle me regarde
Une cigarette entre ses doigts si fins.
Vais-je revoir la fille du bar demain ?

Te dire non

Quand bien même je t'aime encore et encore
Je ne suis plus prête à revivre ces désaccords
Et même si je sais que tu as changé
Je ne désire plus avoir le cœur brisé.

Tu n'es plus la personne de ma sublime vie
Mais celle de tous mes horribles oublis
Ton fantôme parcourt mes nuits d'insomnies
Et je n'arrive point à le supporter dans mon esprit.

La pluie battante dans mon cœur plus qu'éteint
Au moment où je t'ai dit que j'arrêtais notre histoire
Aujourd'hui je peux voler sans toi pour me décevoir
De mes propres ailes, je m'en irai vers les Saints.

Tu as disparu dans le vent en m'envoûtant
Grâce à toi je sais ce que je ne veux plus en amour
Plus de relation toxique qui s'effrite, plus de retour
Maintenant, je m'isole dans ma tour d'argent.

Aujourd'hui, je dirai non à notre relation dérisoire.
Je te dirai non pour revoir tes yeux sans empathie ;
Revoir ce visage plein de haine, de mépris,
Te dire non à tout ce que tu m'as fait subir de noir.

Elle pleure dans mon cœur

Tendre obsession du soir
Elle pleure dans mon cœur de pierre
Proche de mes idées noires.

Elle m'aime d'un amour sincère
Mais je ne peux lui avouer
Mes absurdes sentiments refoulés.

Elle est si sensible et humaine.
Je suis atteinte d'une maladie incurable
Et elle sera toujours autant vulnérable.

Je m'en veux de l'avoir fait souffrir
Mais mon cœur ne fait que pourrir
Sans amour, avec beaucoup de haine.

L'amour me fait tellement peur
Que je préfère rester loin de toi
Ô tu pleures dans mon cœur.

Ne m'en veux point, je suis comme cela
Et rien ni personne ne pourra me changer
J'écrase les cœurs autant que j'ai vrillé.

S'effondrer lentement

D'une douceur qui effleure les cœurs
Elle posa sa main sur la mienne.
La tendresse dans ses yeux dragueurs
Me remémorait une histoire ancienne
D'un amour absolument impossible
Et pourtant, celui-ci était possible !
Alors pourquoi, pourquoi je n'osais pas ?
Je m'effondrais et un soupir m'échappa
Je venais de perdre mon seul espoir
De ne plus broyer du noir.
Je n'arrivais plus à le concevoir
Cet amour si pur, si soudain, si aléatoire.
Je priais un quelconque dieu
De ne pas m'envoyer dans les cieux
Mais il ne me répondit point
Alors, désespérée, je serrais les poings
Jusqu'au sang, pour ne plus souffrir.
Il ne faudrait pas me les ouvrir
Ou je tomberai dans un profond sommeil
Et plus rien ne sera plus pareil.

Ange déchu

J'ai perdu quelqu'un au fond de moi.
La tristesse m'accable au fil des mois.
Je n'attends qu'un signe de vie
Mais en ai-je réellement envie ?
Des ténèbres vers la lumière,
Son absence est si meurtrière
Je ne retrouve plus ma joie
C'est pour cela que je bois
Toujours en cachette, seule,
Je m'effondre avec une sale gueule.
Les matins sont difficiles
Et je me sens si imbécile
De t'aimer encore et encore
Jusqu'à ma tendre mort.
Pardonne-moi mes péchés
Je n'ai fait que saigner.
Juste une fois, rien qu'une seule fois
Te prendre dans mes bras étroits
Ne pas recommencer comme avant
Ne plus être méchant
Non, je ne le supporterai plus
Ne sois plus mon ange déchu.

Irréel

À chacun de tes souffles je m'enfuis
Vers un au-delà si miraculeux
Dommage que tu sois si haineux.

À chacun de tes baisers sous la pluie
Je m'engouffre de plus en plus
Dans un amour sensiblement absolu.

À chaque fois que le soleil se lève
Tu as disparu dans d'autres bras serrés
Tu n'es fidèle qu'à la vertueuse liberté.

Dans chacun de mes chaleureux rêves
Tu apparais tel un ange artificiel
Pourtant Dieu sait que tu n'es pas réel.

Meuf salée

Parfois je me demande tendrement
À quoi ressemble ta vie sans moi.
Ne te rappelles-tu point de tous ces émois ?

M'as-tu un jour aimé ne serait-ce qu'un peu ?
Non, impossible tu n'es pas du genre
À prétendre être amoureux.

Tu m'as transformée en meuf salée.
Je hais d'être dénudée de tout sentiment
Et être en permanence brisée.

Sans toi mon monde est fade
Ton absence me rend malade
Mais reste loin de moi pour mon bien.

Rêves

Parfois je rêve de toi
Puis je me sens seule
Allongée dans mon linceul.

Parfois je rêve de nous
Et je ne tiens plus debout
Effondrée depuis des mois.

Parfois je rêve de lui
Et je me vois renaître
Puisqu'il embellit mes nuits.

Cœur brisé

Cette histoire était dérisoire
Elle m'a plongée dans le noir.
Elle n'avait rien d'exceptionnel
Mais elle était ascensionnelle.

Mon cœur n'est plus qu'un trou
Poignardée d'un profond dégoût.
Je tente d'oublier à jamais
Ces longs mois si imparfaits.

Finitude

Éblouie par la beauté du ciel bleu
Je me noie dans tes grands yeux
Les larmes coulent sur tes joues
Et ton sourire n'a plus de goût.
Je me fous que tu m'aimes,
Je déposerai des chrysanthèmes
Sur le chevet de notre relation
Et peu importe que tu me détestes
Je ne me prendrai plus la tête.
Cette relation n'ira nulle part
Et je ne ferai plus de cauchemars.
Pardonne-moi mes horribles péchés
Je n'ai fait que de t'aimer
Mais cela n'a pas suffi.
J'ai développé une maladie
Celle de ne plus croire en l'Amour
Ni aux beaux et éloquents discours.

Et quand bien même

Et quand bien même tu ne m'aimerais plus
Dis-le moi pour que je puisse faire mon deuil absolu
Et quand bien même tu voudrais plus me voir
Ne fais plus semblant car cette histoire devient
dérisoire.

Et quand bien même tu en aimerais une autre à vie
Ne pars pas sans rien m'annoncer en face.
Et quand bien même je ne serai qu'une simple amie
Ne joue point avec mes sentiments quand tu
m'embrasses.

Et quand bien même tu m'aimerais encore
Montre-moi cet amour et ne me délaisse pas
Je suis une amoureuse de l'amour, mon plus grand
trésor
Et je ne souhaiterais point en faire un immense
combat.

Je t'aime

Je t'aime comme on aime les soirées d'été,
Je t'aime lorsque tes yeux me regardent tout illuminés,
Je t'aime à l'instant où d'un air timide tu me souris tendrement,
Je t'aime dès que tes mains se posent sur mon corps tremblant.

Je t'aime quand tes lèvres s'épousent avec les miennes vermeilles
Et au moment où tu me murmures des mots doux aux oreilles
Chaque fois que ton cœur bat la chamade jusqu'à exploser,
Ton amour me rend folle jusqu'à me faire scintiller.

Je t'aime quand tu ris aux anges qui nous protègent
Puis quand tu m'embrasses sous la douce neige
Et quand bien même tu ne m'aimerais plus comme avant,
Je t'aimerai toujours sans faire semblant.

Ad vitam æternam

Plusieurs amours : la folie
Mon cœur sévèrement puni
De n'aimer qu'un roi déjà pris.

Dans l'infinité du temps
Mon esprit est perdant
Et mon désir ardent.

Pourtant je ne peux m'en empêcher
C'est plus fort que moi et non toléré
Par les codes d'une affreuse société.

Pardonnez-moi mes péchés hideux
Je ne pense qu'à nos adieux
Me couvrant l'âme de bleus.

Comment me repentir de jadis ?
De son cœur, je ne suis plus l'impératrice
Je ne suis plus qu'une admiratrice.

Souffrir dans l'humble silence
Pendant que le temps s'élance
Et que je me perds dans mes démences.

Plus jamais de cela
Lorsque tu n'es plus là,
Je n'existe presque pas.

Mon amour j'abandonne
Je jette la pierre et je donne
La chance à d'autres personnes.

Dans cette tendre folie amoureuse
Je crève d'une histoire joyeuse
Sans toi je suis malchanceuse.

Loyale te sera mon âme.
Ad vitam æternam
Et à travers le mal infâme.

Jusqu'au sang

Aimez-moi jusqu'au sang
Je ne suis fidèle qu'à Satan
Et je ne compte plus mes amants.

Brisez-moi jusqu'à la mort
Je n'offrirai mon corps
Qu'à l'amour le plus fort.

Osez vous déchaîner
Rien n'effacera le passé
Ni ceux que j'ai aimés.

Tu me manques

Tu me manques à travers le temps
Et lorsque mon cœur devient brûlant.
Le son de ta voix me transporte
Vers un univers qui me conforte.

La douceur de tes mains m'apaise
Tes manières de me mettre à l'aise
Manquent à ma petite âme frêle
Et dans mon esprit gelé il grêle.

Le froid de ton manque m'attriste
Je vis dans un monde sinistre
Sans toi à mes côtés pour m'épauler
Je t'aime encore jusqu'à en crever.

Premier amour

Premier amour aujourd'hui je te laisse partir
Partir loin de mon cœur qui saigne des saphirs.
Je t'ai tant aimé mais tout cela n'est plus possible
Il faut que j'accepte d'avancer pour devenir invincible.

Ô toi qui m'as rendue si heureuse et joyeuse
Je te promets de ne point t'oublier au fil des ans
Car ton amour est si ardemment ancré en mon sang
Et dans mon esprit, tes mots d'une bienveillance si précieuse.

Toi, mon premier amour qui a fait de ma vie un paradis,
Je te laisse t'envoler vers des nouvelles contrées,
Découvrir ce qu'il y a de plus merveilleux en la vie
Puis continuer d'aimer aussi fort que tu m'as aimée.

Je ne remercierai jamais assez la vie d'avoir croisé ton chemin.
Et peut-être que dans une autre dimension
Là où l'amour serait synonyme de perfection
Nous pourrions vivre cette histoire sans qu'il n'y ait de fin.

Mon soleil

Elle est belle tel un soleil éternel.
Ses cheveux bruns au vent
Et son sourire si naturel.

Je ne peux résister à son charme
Lorsqu'elle me parle tendrement
Et qu'elle me dit qu'elle m'aime en larme.

Plus jamais je ne l'oublierai.
Pour rien au monde je la laisserai
Et pour toujours je l'aimerai.

Elle a cette force dans les yeux.
Cette force qui vous transcende,
La force de tous les dieux.

Je lui pardonnerai absolument tout
Si du bout de ses lèvres vermeilles
Ses mots ne seront que des pures merveilles.

Elle manque à ma vie si insignifiante
Je ne tolère plus son absence
Et je la veux dans mes bras.

Adieu

Adieu mon très cher amour
Ce soir je te quitte pour toujours
Je suis triste mais il n'y a plus rien autour
De cette histoire sans un possible retour
Ô ne soit pas blessé par mon discours
Même si celui-ci n'est pas très glamour
Et lorsque tu traîneras aux alentours
Je ne verrai plus se lever le jour
La tristesse sera faite de velours
Mais nous retrouverons l'amour sur nos parcours.

Je ne veux plus

Je ne veux plus être celle que l'on rend invisible, que l'on cache
Ni celle que l'on met de côté sans attache
Comme tout être humain j'ai besoin d'affection
Et non de m'étaler dans une grande dépression
Je ne veux plus être celle qui est aimée à moitié
Ni celle qui sert à combler un vide densifié
Je ne veux plus être de trop dans une histoire futile
Et je n'hésiterai pas à quitter ce navire fragile
Si mon cœur commence à saigner un peu trop,
Je me protégerai pour ne pas finir en lambeaux.
Je ne veux plus être celle qui passe après les autres
Tout le temps délaissée jusqu'à l'aurore des apôtres
Et ma patience à des limites qui ne devraient pas être franchies
Puisque nous n'avons qu'une vie pour vivre l'infini.
Je désire être celle que l'on rend heureuse
Celle que l'on chérit du plus profond de notre cœur
Et dans un immense bonheur, j'aimerai avec ardeur
Sinon je me lasserai et ne serai plus amoureuse.

Tomber en amour

Plus il la redécouvrait et plus il l'aimait
À travers ses écrits il frémissait
Et dans ses pensées les plus folles
Il pensait à elle comme une idole
Et ses douces formes aguicheuses
Puis son air de grande joueuse
Comment ne pas résister à son charme ?
Elle qui prend toujours les armes
À chaque injustice qu'elle voit
Et son sourire magnifique et courtois
Qui rendrait n'importe qui fou
Jusqu'à l'embrasser dans le cou.
Sa voix affectueuse et chantante
Fait d'elle une personne charmante
Et lorsque je la vois passer dans la rue
Je me dis quelle chance inouïe j'ai là,
Qu'elle me laisse approcher ses combats
Aussi forte qu'elle est, elle n'abandonne jamais
Je ne suis qu'un simple individu sans succès
Parmi tous ceux qui veulent d'elle.
Alors pourquoi m'a-t-elle choisi moi ?
Je suis loin d'être un modèle
Mais je l'aime depuis des mois.

Ton absence

J'ai encore rêvé de ta bienveillante présence
Pour mieux me rendre compte de ton absence
Je suis seule dans mon grand lit, sans plaisir
En espérant que tu me rejoignes avec du désir
Mais il n'y a plus rien à faire, tu n'es plus là
Il ne reste que ton odeur dans mes draps
Comment chasser ces démons du passé ?
De toi, de ton âme je n'en aurai jamais assez
Alors reviens sincèrement tant qu'il est encore temps
Pour revivre une histoire avec toi, pas qu'une nuit par an.
Je ne pourrai plus supporter cette absence déroutante.
J'en crame de plus en plus d'une manière ardente.
Je ne veux plus vivre comme une condamnée
Ayant perdu son plus grand amour, mon premier.

Rendez-vous

Il rêve de mon corps tard le soir,
D'utiliser de nombreux accessoires.
Pourtant il s'interdit d'y penser.
Non ce serait bien trop osé.
Ce n'est que de l'amitié après tout.

Il aimerait jouer à ce jeu sadique,
Des ébats bien trop électriques,
Des mots durs aux creux de mes oreilles
Et si cela venait à arriver, plus rien ne serait pareil.
Qu'attends-tu pour me proposer enfin ce rendez-vous ?

Amours impossibles

Au diable les amours impossibles
Qui détruisent les gens sensibles
Au diable les sentiments refoulés
Qui empêchent tendrement de s'aimer
Aujourd'hui je dis oui au renouveau
Et à des mots tendres sur un air de piano
Je dis oui pour te laisser une chance
Et ne plus jamais ressentir ton absence.

Toi

À travers le temps j'ai appris à t'aimer
Et tes bras autour de moi me confortent
Dans cet amour naissant qui me rend forte.

Je ne peux plus me passer de ton être,
De cette sensualité qui règne en maître
Puis de nos moments si particuliers.

Tu animes toute mon âme entière.
Tes exploits me rendent si fière.
Tu sauves ma vie autant que celle des autres.

Partie II

Lutte intérieure

Mes pensées vont à tous ceux et celles qui luttent courageusement contre des troubles de la santé mentale ou des maladies.

Les blessés de l'âme ne veulent ni haïr, ni se soumettre : ils veulent s'en sortir.

Boris Cyrulnik

Angoisses

Cruellement, elles vivent avec moi au quotidien.
Je ne sais plus à quoi ressemblera demain.

J'essaye de me battre contre ces angoisses,
Jusqu'à aller m'enfermer dans une paroisse.

J'arrive à bout, je n'en peux vraiment plus.
Arrêtez de me torturer dans mes rêves absolus !

J'aimerais que tout cela finisse par s'arranger
Mais je plonge de plus en plus vers les abysses affamés.

Alcool

Je t'ai aimé pendant si longtemps
Matins et soirs tu m'accompagnais
Dans tous mes horribles printemps.

Je t'ai chassé de ma vie indigne
Pour ne plus avoir à survivre
Mais maintenant je ne suis plus digne.

Tu finis toujours par revenir
Pourquoi, je ne sais pas encore
Avec toi je n'ai plus d'avenir.

J'ai tellement envie de te tuer
Une bonne fois pour toute
Pour ne plus jamais être jugée.

L'hôpital n'a plus envie de me voir,
Une alcoolique dépressive,
Plus personne ne voudra savoir.

Boire pour oublier ce monde immonde,
Boire pour oublier que j'existe,
Boire pour oublier les secondes.

Maladie incurable

Il y a trop de raisons de craquer
Et trop de raisons de rester.
Cette dualité qui s'exprime
À travers ma sombre déprime.
Observer mon cœur qui noircit.
Une famille qui s'endurcit
Face à la triste maladie
Des séjours à l'hôpital
Une vie qui me parait fatale
Un combat permanent
Qui se réitère tous les ans
À l'arrivée des mauvais jours
Et sans plus rien autour.

Dépression

Des jours et des nuits accablantes
À crever de manière sanglante
Au fond d'un pieu bien miteux
Où mon sommeil n'est qu'anxieux.

Je ne mange plus du tout,
Je suis presque à bout
Et mon être se perd lentement
Dans le tendre néant.

Qu'il est bien long ce combat !
Non je ne m'en voudrai pas
De me laisser aller jusqu'au dernier soupir
Pour ne plus jamais souffrir.

Triste saison

Quand viennent les jours attristés
Je n'ai plus beaucoup envie de parler
Le Spleen m'envahit si tendrement
Et je me perds dangereusement
Dans les entrailles des Enfers.

Quand viennent les jours d'hivers
Le soleil n'est plus au rendez-vous
Et je tente de le retrouver partout
Seulement, il n'est nulle part au chaud
Même pas dans mon cœur d'artichaut.

Trouble

Mon esprit qui divague
En faisant de belles vagues
La tête dans les nuages
Mes pensées nagent
Dans un mythique océan.
Mon esprit dans le néant
Ma concentration perturbée
Par tous ces bruits insensés
Et mon corps qui tremble
Dès que nous sommes ensemble
Impossible de ne pas craquer
Je ne fais que de lutter
Contre toutes ces sensations
Partout dans les rues de Lyon.
Ma musique dans les oreilles
Plus rien n'est pareil
Un peu de tranquillité
Une bonne tasse de thé
Le bonheur sans bruitage
À savourer sans partage !

Plus rien ne compte

Je ne ressens plus rien
Mon cœur est vide
Je ne vais pas bien.

Mes émotions disparues
Mon empathie devenue acide
Mon mental plus qu'abattu.

Et plus rien ne compte
Dans mon monde rapide.
C'est juste un mauvais conte.

La solitude

La grande solitude m'envahit
Lorsque je sors de mon esprit
Tout ce monde autour de moi
Pourtant je suis dans le désarroi.

Elle peut aussi être agréable
Mais aussi indispensable
Au bien-être de ma conscience
Accompagnée d'un silence.

Rupture

Aussi douloureuse soit-elle
La rupture peut être belle.
Dire adieu à la dépression
Et revivre à chaque saison.
Ne plus s'enfermer seule
Dans une spirale veule
Puis danser dans les flammes
D'un feu de joie tout calme.
Adieu ma chère amie
Aujourd'hui je choisis la vie
Je te quitte à jamais
Non pas parce que je te hais
Mais car tu m'as trop fait souffrir
Et j'ai mon sourire à redécouvrir.

Alzheimer

J'oublie petit à petit qui je suis
Mais aussi qui ils sont
Piégé dans un monde d'ennui
J'aimerais leur demander pardon
Pardon de ne plus savoir,
Pardon d'avoir égaré ma mémoire,
Pardon d'avoir perdu l'espoir,
Pardon de ne plus pouvoir me mouvoir
Ni d'être capable de parler
De la pluie et du beau temps d'été
La maladie me ronge de plus en plus
Et je n'y fais plus attention
Je ne suis plus qu'un individu
Déboussolé dans mes expressions
Et mes pensées vont à chaque aidant
Qui chaque jour font face à mon comportement
Aussi dur soit-il de me supporter
Je voudrais vous dire que je suis désolé.

Espoir

Espoir du matin doucement tu me guettes
Telle la lumière du sublime soleil
Et ta force gronde en mon cœur vermeil.

Espoir du soir j'ai profondément foi en toi
Lorsque dans mon sommeil je te perçois
Tu calmes toutes les tempêtes dans ma tête.

Le bonheur

Il existe en ce monde une joie immense
Qui vous transperce héroïquement l'âme
Ô ce bonheur qui m'envahit est si intense !

Lorsque j'ai face à moi la beauté du monde
J'oublie tout ce qu'il y a de plus immonde
Et quand je souris je me vois immortelle

Immortelle dans un monde de mortels
Qui ne savent plus ce qu'est ce bonheur
Celui qui ne vous lâche pas jusqu'au meilleur.

Partie III

Petits poèmes en prose

Laisser libre recours à mon imagination.

Toute personne capable d'écrire une page de prose ajoute quelque chose à nos vies.

Raymond Chandler

Fantôme du passé

J'aime un fantôme du passé mais ce n'est pas une bonne idée. Il va disparaître à travers le temps et moi je ne pourrai plus attendre, attendre qu'il daigne bien m'aimer d'un amour qui transcende votre être. Lorsqu'il me repousse je meurs lentement en me demandant pourquoi est-ce ainsi.
N'y a-t-il plus la moindre chance de reprendre là où tout s'est terminé ?

Désespoir

Je suis triste à en faire tomber les anges du ciel et dans ma tristesse infinie je ne vois plus que mon désespoir. Ce désespoir qui me prend le cœur, qui me tord les tripes et cette ultime mélancolie qui me glace le sang puis fait couler mes larmes de verre. Je suis triste à en crever de ne plus pouvoir aimer, de ne plus être capable de m'animer face à l'Amour aussi grandiose soit-il. Je l'ai connu, l'Amour, le grand, celui que vous croisez qu'une seule fois dans votre vie et pourtant comme toute bonne chose a sa finitude, il s'est enfui dans les ténèbres de la séparation. Ô je me demande, oui, je me demande, qu'ai-je fait à notre bon dieu pour vivre telle une condamnée, une ratée des relations amoureuses damnées.

Le calme après la tempête

Ô toi qui grondes dans le ciel, viens donc gronder dans mon cœur !
Ce soir, je lève mon verre au bonheur qui s'immisce dans ma vie à chaque instant où ses yeux d'ivoire croisent les miens en un éclair.
Son regard fait pleuvoir sur moi des milliers d'étoiles scintillantes de douceur et son amour provoque une tempête tropicale dans mon âme en flamme.
Mais après cette bourrasque vient la joie, celle que de vivre mille instants à travers les battements de son cœur, celle d'exister une éternité parmi la tendresse de ses mots.
À vous qui lisez ! Savez-vous à quel point je l'ai désiré pendant toutes ces années ? Non, bien sûr que non c'est un secret bien gardé au chaud dans mes pensées.
Elle est la personnification de l'Amour et elle danse vêtue de sa plus douce robe rouge au sein de mes rêves endiablés.
Il n'y a pas plus belle femme que celle qui vous redonne le plaisir de vivre à travers son sourire aussi magnifique soit-il.
Madame, s'il vous plaît, séduisez-moi encore, je ne peux imaginer une seconde de plus sans vous !
Ne partez point vers d'autres bras qui vous étoufferont d'hypocrisie, de jalousie et j'en passe.
Vous êtes mon délice après toutes les tornades de mon être désemparé face à cette bonté angélique.
N'oubliez pas, madame, qu'un jour viendra où nous nous retrouverons et ce sera le calme après la tempête, la volupté après l'ignorance et l'Amour après la haine.

Libération

Si tu m'as aimée laisse-moi partir loin de toi car tout amour perdu dans le passé doit mourir lentement. On ne peut pas réparer ce qui est brisé depuis la nuit des temps et quand bien même j'essayerai, ce serait en vain. Je dois faire mon deuil au-delà de mes simples pensées brisées, faire ce deuil qui coûte tellement cher à mon cœur. Quoi que je fasse tu me repousseras alors j'irai me blottir dans d'autres bras pour ne plus penser à ton existence et quand bien même je n'aimerai plus jamais pareil, je sais que je pourrai aimer à nouveau quelqu'un qui me rendra bien plus heureuse que je ne l'ai jamais été.

Amoureusement

Sa peau avait l'odeur sucrée de la fleur de Lys et la douceur d'un Gardénia. Son sourire flirtait avec le mien et ses mains, entrelacées dans les miennes me couvraient d'amour. J'ose espérer qu'un jour nos cœurs viendront à s'unir dans l'infinité du temps et que nos corps se retrouveront dans le même lit qu'avant.

L'incandescence des choses

Finalement, et si nous avions décidé de chauffer la vie à son point le plus haut, ne serait-elle pas devenue cette émission de lumière et d'espoir incroyable et si nous n'étions pas tout simplement restés ces enfants éternels qui s'émerveillent devant tout, qui cherchent non pas seulement à pointer du doigt les étoiles mais à les atteindre simplement par la force de leurs pensées. Vouloir être sur une planète qui ne nous est point atteignable physiquement, voyager dans l'univers sur une comète multicolore grâce à cette imagination infinie au sein de notre esprit. Si nous n'étions pas enfermés constamment dans ces cages qui nous empêchent d'atteindre notre incandescence, cette incandescence du monde, des choses, comment verrions, ressentirions et définirions-nous réellement ce qu'est la vie. Se réveiller chaque matin en essayant d'être une meilleure personne. Construire pas à pas son propre monde intérieur en regardant tristement par la fenêtre de notre âme le monde extérieur se dégrader au fil du temps. S'assoir sur le rebord du monde et le retransformer à notre manière en sachant que ce n'est qu'une illusion mais continuer d'y croire, pointer du doigt l'espoir, ce grain de sable dans un trou noir tel un enfant émerveillé.
Et si la vie n'était pas basée sur le fait d'essayer de transcender les choses, les souffrances, les réalités à leurs maximums dans le but d'atteindre cette incandescence intérieure, atteindre une certaine sagesse d'âme en étant un enfant éternel.
Finalement, n'est-elle pas là la folie des grandeurs ?

La souffrance

Ô jeune demoiselle perfide qu'avez-vous fait de mon âme ?
Elle s'est envolée dans l'univers maudit de la souffrance et c'est votre faute !
Vous qui m'avez brisé le cœur, vous qui l'aviez crucifié au sein des Enfers.
Toutes les nuits, je me noie dans la vinasse jusqu'à la catharsis et l'extase de ce goût exquis qui m'enivre jusqu'au petit matin.
N'avez-vous donc point honte d'aller vous blottir dans d'autres bras insensibles à votre charme ?
Mais que puis-je faire ? Je suis bien trop timide pour vous séduire et bien trop égoïste sentimentalement parlant pour vous offrir une histoire d'amour digne de ce nom.
Alors je souffre en silence au sein de mon pieu d'ivrogne, allongé en pensant à vous jusqu'à m'en écraser les pensées.
Assez ! Ne vous lassez pas ! Je vous aime jusqu'à aller me pendre dans le Pandémonium et espérer un jour, revoir le Paradis à travers votre esprit si délicieux.
Salomé, j'aurais aimé vous offrir le monde mais aujourd'hui, je ne suis fidèle qu'à mon verre.

Partie IV

Ma Poésiecratie

Nous n'avons qu'une vie pour vivre l'infini.
Aléatoirement poétique et sans règles.

L'art, mes enfants, c'est d'être absolument soi-même.

Paul Verlaine

Les échecs

La dame vagabonde aux côtés du roi
Le cœur sur le champ de bataille.
Les cavaliers sont dans le désarroi.
Face aux tours, ils ne sont pas de taille.

Les fous tracent des diagonales
Sur les fils noirs et blancs de leurs destins.
Les pions avancent vers le néant abyssal
Dans l'espoir de devenir autre souverain.

Ce n'est point qu'un simple jeu
Mais toute une stratégie diversifiée
Des ouvertures jusqu'aux adieux
L'excellence des pensées sur l'échiquier.

La guerre des étoiles

Ô sublimes étoiles éteintes
Réveillez-vous et dansez !
Illuminez nos nuits défuntes !
Rendez-nous nos rêves affamés !

Ô mes chers amis radieux
Levez vos yeux vers les cieux
Là-haut les étoiles combattent
Afin d'être les plus écarlates.

La Lune

Ô immense Lune puissante
Ne vois-tu point l'absurdité
De notre Terre sanglante
Et les guerres qui font rage
La destruction de l'amour
Et le manque de courage
Notre planète déshumanisée
Un peu plus chaque jour
Et la méchanceté des gens
Qui n'hésitent pas à te piétiner.
Comment aller de l'avant ?
Ô belle Lune protectrice
Ne veux-tu pas être actrice
D'un monde bien meilleur
Et pouvoir voyager ailleurs
Là où la paix serait reine
Et où il n'y aurait plus de peine.

Un bal pour ma Valentine

Ce soir le roi sera déchu de son trône de fer.
Le sang coulera dans toutes ces villes damnées
Mais elle danse encore et encore dans les enfers.
Le danger approche mais elle n'est point terrifiée.

Ce sera le dernier bal de ma douce Valentine.
Une dernière musique, un dernier verre accablant.
Pendant toutes ces années elle a fait semblant.
Une princesse éperdument perdue dans sa doctrine.

Cherchant une ultime fois le prince de sa vie
Dans une piteuse salle de fête hors de prix
Un jour de Saint-Valentin maudit par les anges déchus,
Ils se retrouveront dans un autre monde abattu.

Musique

C'est une immense ode à la joie
Lorsque les sons se déploient
Au sein d'un orchestre symphonique.
C'est cela la beauté de la musique.

Les cordes vibrent fortissimo,
Le vent siffle d'un mouvement adagio
Et les percussions se réveillent
Au rythme du chef en plein éveil.

Des émotions plein le cœur.
Les yeux remplis d'ardeur.
Se sentir vivre grâce aux mélodies
Et se perdre dans l'infinité d'une vie.

Écrire

Écrire pour éviter de se noyer
Dans un océan de peine
Écrire pour ne plus oublier
Que la vie n'est pas sans haine

Écrire pour changer les choses
Petit à petit dans ce monde
Où tout devient immonde

Écrire pour faire passer des messages
D'une manière bien plus sage
Et se battre pour des causes.

Écrire me donne la vie
Au creux de mes mains
Je vois tous mes lendemains
Et mes pensées sont infinies.

L'orange

Avec son petit côté sucré et acidulé elle excite mes papilles. Sa peau, semblable à la nôtre s'écorche tel un cœur brisé. Pourtant, malgré le fait qu'elle se divise en plusieurs morceaux, elle reste unie par les fils de la vie nous montrant à quel point celle-ci vaut la peine d'être vécue comme l'orange vaut la peine d'être goûtée. Sa couleur chaude rappelle les couleurs vives du soleil et la chaleur de l'été pendant l'hiver glacial.

Infirmière

Les jours où mes démons ressortent vigoureusement du placard
Elle applique des pansements sur mon cœur tout en bazar
Une piqûre de rappel me montrant que la vie est belle
Lorsque mon âme se noie dans sa pénombre habituelle
J'ai besoin d'elle comme d'une infirmière en psychiatrie
Avec elle toujours à mes côtés je ne serai plus jamais meurtrie

La poésie

Artistiquement parlant je m'évade
À travers ces vers nomades
Et la poésie me fait du bien à l'âme
Quand je vis des drames
Elle me réconforte tendrement
Dans n'importe quel moment.
Elle me fait vivre et exister
Elle me permet de graver l'éternité
Sur un simple bout de papier
Où s'entrelacent les plus beaux mots
Pour émouvoir mais aussi réparer les maux.

Âme-sœur

Que je rêve un jour d'être l'âme-sœur de quelqu'un. Oui, de quelqu'un qui m'illuminera l'âme et transcendera mon être jusqu'à la mort.

Partir

Partir loin d'ici, loin de tout
S'évader dans d'autres mondes, partout
Et surtout, ne plus jamais revenir
Ne plus revenir pour périr
Dans une dimension fermée
Fermée à l'amour et à la destinée.

N'oublie jamais

N'oublie jamais ta beauté intérieure. Elle brille bien plus que tu ne le crois.
N'oublie jamais que je serai là lorsque tu éprouveras des mauvais maux et quand tu auras envie de pleurer tu pourras poser ta tête sur mon épaule.
Je t'aime à en crever et je ne veux que ton bonheur dans ce monde qui cherche toujours le malheur
Alors chante, danse et vis du plus profond de ton être.

Au clair de lune

Au clair de lune
Soirée d'été passionnée
Et moi, je songe

Masque

Je porte un masque toute la journée
C'est si épuisant de ne plus pleurer
Pourtant je souris tout le temps à la vie
Comme si j'étais une merveille infinie
Alors que mes yeux ne veulent que verser
Des larmes douces de souffrance ultime
Et mon cœur torturé, ça constitue un crime
De se sentir comme ça depuis longtemps
Mais un jour j'irai mieux je le sais
Je garde en moi la foi et la paix.

Son charme

Ce qui la différenciait c'était son charme
Dans mon cœur elle fait un vacarme
Et je suis pendue à ses lèvres douces
Lorsque gentiment elle me repousse.

Ce que j'aime en elle c'est sa différence
Qu'elle voit plus comme une chance
Et quand elle me regarde ardemment
Je tombe amoureuse tendrement

Elle fait partie de mon passé
Mais je ne peux plus m'en lasser
Elle est tout ce dont j'ai rêvé
Je désire lui parler de toutes ces années.

Merci

Merci d'avoir su me protéger
Contre vents et marées
Et par-delà les ouragans
Tu m'aimes tout le temps
Malgré mon caractère
Qui brouille la lumière
Mamie tu es ma vie
Et je t'aime à l'infini.